AF381508

YASSER ARAFAT

L'esprit de la résistance palestinienne

Par Françoise Puissant Baeyens

50MINUTES.fr

YASSER ARAFAT

INTRODUCTION

Incarnant l'aspiration des Palestiniens à la souveraineté nationale, Yasser Arafat est l'une des figures majeures du XXe siècle. Si ses admirateurs affirment que, sans la lutte armée, la problématique palestinienne aurait été réduite au contentieux du sort des réfugiés, ses détracteurs considèrent que le recours à la violence a entaché à jamais sa réputation. Haï par certains, vénéré par d'autres, il a sans conteste le mérite d'avoir éveillé la conscience mondiale à la question palestinienne.

Travaillant sans relâche, il consacre sa vie au combat de son peuple. Ses considérations idéologiques sont le reflet d'une pensée pragmatique traversant l'histoire turbulente du siècle dernier. La célèbre phrase prononcée lors de son discours devant les Nations unies en 1974 est à l'image de l'ambiguïté de la mission qu'il s'est fixée : « Je suis venu porteur d'un rameau d'olivier et d'un fusil de révolutionnaire, ne laissez pas tomber le rameau de ma main. » (repris par T.B.J. dans l'article « *Les Palestiniens, un peuple*, un livre de Xavier Baron », in *Le monde diplomatique*).

En 1994, le combattant légendaire reçoit le prix Nobel de la paix. Une décennie plus tard, il meurt isolé, présenté par certains comme le principal obstacle aux négociations pour le règlement du conflit israélo-palestinien. Il ne s'est jamais détourné de son objectif fondamental : jeter les bases d'un État palestinien. Pourtant, dix ans après sa mort, le destin de son peuple est plus incertain que jamais.

DONNÉES CLÉS

- **Naissance ?** Le 24 août 1929 au Caire.
- **Mort ?** Le 11 novembre 2004 à Paris.
- **Apports majeurs ?**
  - La création du Fatah (Mouvement nationaliste palestinien) en 1959.
  - La reconnaissance de l'OLP (Organisation de libération de la Palestine) comme unique représentant légitime du peuple palestinien par la communauté internationale.
  - L'ouverture des négociations débouchant finalement sur les accords d'Oslo (1993).
  - La formation d'un gouvernement autonome à Gaza (1994).
  - La signature d'un accord ouvrant la voie à des négociations sur un règlement de paix final en 1999.

BIOGRAPHIE

UNE JEUNESSE PASSÉE AU CAIRE

Né au Caire en 1929, Yasser Arafat passe son enfance et son adolescence en Égypte. Alors qu'il n'est encore que très jeune, il se montre sensible et attentif aux tensions grandissantes entre les Palestiniens arabes et les juifs venus s'installer en Palestine en réponse à l'appel sioniste.

LE SAVIEZ-VOUS ?

Alors qu'il a toujours affirmé être né à Jérusalem, Yasser Arafat est en réalité né au Caire. Il n'en est pas moins Palestinien puisque son père appartient à la grande famille palestinienne des al-Husseini.

Alors que la partition du territoire proposée par les Nations unies met fin au mandat britannique et qu'un État d'Israël est créé en 1948 malgré le rejet des Palestiniens, Yasser Arafat quitte Le Caire pour participer aux combats menés par la coalition arabe contre l'État hébreu naissant. Ce conflit se solde par la défaite du camp arabe et le Nakba, l'exode palestinien qui a fait plus de 700 000 réfugiés.

Après ce premier engagement, Yasser Arafat retourne au Caire où il reprend ses études universitaires et obtient son diplôme d'ingénieur des travaux publics. Mais il est déterminé à poursuivre la lutte. En 1959, il fonde le Fatah (Mouvement de libération nationale de la Palestine), un mouvement clandestin, séculier et révolutionnaire, dont l'objectif est l'émancipation du peuple palestinien.

LES ANNÉES CLANDESTINES

Progressivement, il parvient à rassembler de plus en plus de membres sous la houlette du Fatah. Compte tenu de la réalité géographique de la diaspora, il s'agit là d'un exploit. Pourtant, Yasser Arafat ne bénéficie pas des attributs prédestinant un homme à endosser le rôle de dirigeant emblématique. De petite stature, il manifeste des capacités oratoires limitées par son élocution parfois opaque, marquée de plus par un accent égyptien hérité de sa jeunesse passée au Caire faisant de lui un *outsider*. Comment expliquer alors qu'il soit parvenu à dominer le paysage politique palestinien pendant cinq décennies ? Son dévouement absolu à la cause palestinienne, sa confiance en lui et son grand sens politique comptent parmi les atouts responsables de cette réussite.

Avec les combattants révolutionnaires du Fatah, il entreprend dès 1964 les premières opérations armées contre Israël. Malgré la défaite arabe, les fedayin (groupes de commandos du Fatah) qui avaient uni leurs forces à la coalition arabe s'illustrent lors de la guerre des Six Jours en 1967. Au terme de ce conflit, Israël voit sa superficie triplée.

L'exaspération découlant de la situation particulièrement difficile que connaissent les Palestiniens rend le terrain favorable au recrutement et permet à Arafat de consolider ses troupes. En 1969, il est élu président de l'OLP (Organisation de libération de la Palestine) qui regroupe les différents mouvements nationalistes palestiniens. Cette nomination le consacre comme leader incontesté de la résistance palestinienne.

LA DYNAMIQUE DE LA PAIX

Peu à peu, un changement s'amorce dans la vision de Yasser Arafat. Conscient du rapport de force favorable à Israël, son pragmatisme le guide vers la voie diplomatique, et il cherche désormais la reconnaissance de l'OLP par la communauté internationale. Ses efforts sont couronnés lorsqu'en 1974 l'organisation est désignée par les Nations unies comme la seule représentante légitime des Palestiniens.

C'est au cours des années quatre-vingt qu'Arafat s'engage réellement sur le chemin de la paix. Il abandonne la voie des armes jusqu'alors privilégiée et convainc son peuple de la nécessité d'un compromis. En souscrivant au droit d'Israël à l'existence, il opère un revirement qui débouchera sur les premières négociations pour la paix à Madrid (1991) puis à Oslo (1993).

Dans la vie personnelle du leader, l'heure est également au changement. Resté célibataire jusqu'alors, il épouse à l'âge de 67 ans sa collaboratrice Souha Tawil (née en 1963), de plus de 30 ans sa cadette. De cette union naît leur fille Zahwa en 1995.

En 1994, Yasser Arafat est lauréat du prix Nobel de la paix avec ses partenaires israéliens des accords d'Oslo, Yitzhak Rabin (officier et homme politique israélien, 1922-1995) et Shimon Peres (homme d'État israélien, né en 1923). La même année, de retour en terre palestinienne après 27 ans d'exil, il forme à Gaza un gouvernement autonome et est élu président de l'Autorité palestinienne en 1996.

LE SAVIEZ-VOUS ?

Après avoir permis la paix entre Israël et la Palestine, Yitzhak Rabin a été assassiné le 4 novembre 1995 par Yigal Amir (né en 1970), un juif israélien opposé aux accords d'Oslo.

L'EFFONDREMENT DU PROCESSUS ET L'ISOLATION FINALE

Malheureusement, le processus de paix n'aboutit pas, torpillé par les extrémistes des deux camps. La multiplication des attentats suicide commis par ceux qui considèrent le compromis d'Arafat comme une trahison et la mauvaise volonté de certains leaders israéliens qui retardent l'application des accords d'Oslo aboutissent à l'effondrement total de la voie de la paix.

Départager les responsabilités dans l'échec du règlement final du conflit israélo-palestinien au sommet de Camp David (2000) est extrêmement complexe. S'il est juste de pointer du doigt la gestion étatique parfois calamiteuse de Yasser Arafat, l'image véhiculée par une certaine propagande selon laquelle Arafat, intransigeant, aurait refusé les offres généreuses du Premier ministre israélien Ehoud Barak (né en 1942) ne résiste pas à l'analyse.

Il n'en reste pas moins qu'après 2002, Yasser Arafat est confiné à Ramallah (Cisjordanie) et se trouve isolé sur la scène internationale. En 2004, celui qui incarnera pour toujours l'esprit de la résistance palestinienne meurt à Paris des suites d'une maladie soudaine, considérée par certains comme le résultat d'un empoisonnement.

CONTEXTE

Pour comprendre la vie et les choix de Yasser Arafat, il est indispensable de se pencher sur le contexte dans lequel il a évolué. Celui-ci est marqué par l'émergence du conflit israélo-arabe dont les différents développements doivent être abordés au travers d'un prisme global.

LA PALESTINE MANDATAIRE

Il nous faut donc revenir à la fin de la Première Guerre mondiale (1914-1918). L'Empire ottoman, qui se trouve dans le camp des vaincus, est totalement démembré. Les territoires arabes qui en faisaient partie sont partagés entre le Royaume-Uni et la France. La Palestine se trouve ainsi sous mandat britannique en 1922.

Dès les premiers mois, les Anglais doivent faire face à une double contrainte : d'une part, ils doivent tenir la promesse faite au mouvement sioniste de faciliter la création d'un foyer juif en Palestine (il s'agit de la fameuse déclaration Balfour de 1917), et d'autre part négocier avec les

Arabes, avides d'indépendance et résolument défavorables à l'installation des juifs sur leurs terres.

À la fin des années trente, la proportion de juifs en Palestine atteint 30 %. La montée du nazisme en Allemagne a en effet provoqué d'importantes vagues d'émigration juive vers la Palestine. Cela accentue les tensions entre les deux peuples qui se partagent désormais une terre.

Après la défaite de l'Allemagne nazie en 1945, la question prioritaire pour l'Agence juive (l'exécutif de l'organisation sioniste en Palestine mandataire) est la création d'un État juif qui puisse accueillir les survivants de la Shoah en Palestine. C'est dans ce contexte que les juifs de Palestine font pression sur le Royaume-Uni au moyen de grèves, de manifestations et d'actions de sabotage.

LA FIN DU MANDAT BRITANNIQUE ET LE PREMIER CONFLIT ISRAÉLO-ARABE

Cette situation pousse le Royaume-Uni à remettre son mandat sur la Palestine aux Nations unies en 1947. Celles-ci élaborent la même année un plan de partage favorable aux juifs, qui reçoivent plus de la moitié de la superficie totale du territoire. Les sionistes approuvent ce nouveau plan, mais il est rejeté par l'ensemble de la communauté arabe.

Avant même le départ des Britanniques, des combats sont engagés : les Palestiniens sont déterminés à déjouer la mise en place du plan des Nations unies alors que les juifs tentent de sécuriser la zone qui leur est attribuée. Les populations palestiniennes de la partie juive sont forcées à l'exil.

Le 14 mai 1948, David Ben Gourion (homme politique israélien, 1886-1973) fonde l'État d'Israël. Au lendemain de cette proclamation, les nations arabes voisines déclarent la guerre au nouvel État. En juillet, Israël contre-attaque et annexe au passage des territoires dévolus aux Palestiniens dans le plan de partage des Nations unies. En 1949, l'armistice des accords de Rhodes scelle ces frontières. Israël détient plus des trois quarts du territoire de la Palestine mandataire. Les seules zones échappant à son contrôle sont la bande de Gaza, administrée par l'Égypte, ainsi que la Cisjordanie, annexée par la Transjordanie, qui occupe en outre Jérusalem-Est.

Du côté palestinien, la résistance s'organise, principalement depuis la bande de Gaza. C'est dans ce contexte que voient le jour le Fatah de Yasser Arafat en 1959 et l'Organisation de libération de la Palestine en 1964.

Les actions armées du Fatah en Israël commencent dès 1964. Elles sont menées essentiellement à partir des camps de réfugiés palestiniens dans les pays voisins et suscitent des représailles de l'État hébreu sur la Jordanie, le Liban et la Syrie.

LA GUERRE DES SIX JOURS (1967)

Ces vives tensions entre les États arabes et Israël mènent à la guerre des Six Jours, qui met fin au statu quo territorial de 1949. En juin 1967, en réponse à une provocation de la part de l'Égypte, Israël lance une attaque terrestre contre les armées égyptienne, jordanienne et syrienne. En moins d'une semaine, l'État hébreu triple sa superficie en annexant la bande de Gaza et le Sinaï, pris à l'Égypte ; tandis que la Syrie est amputée du plateau du Golan et que la Jordanie perd Jérusalem-Est et une partie de la Cisjordanie.

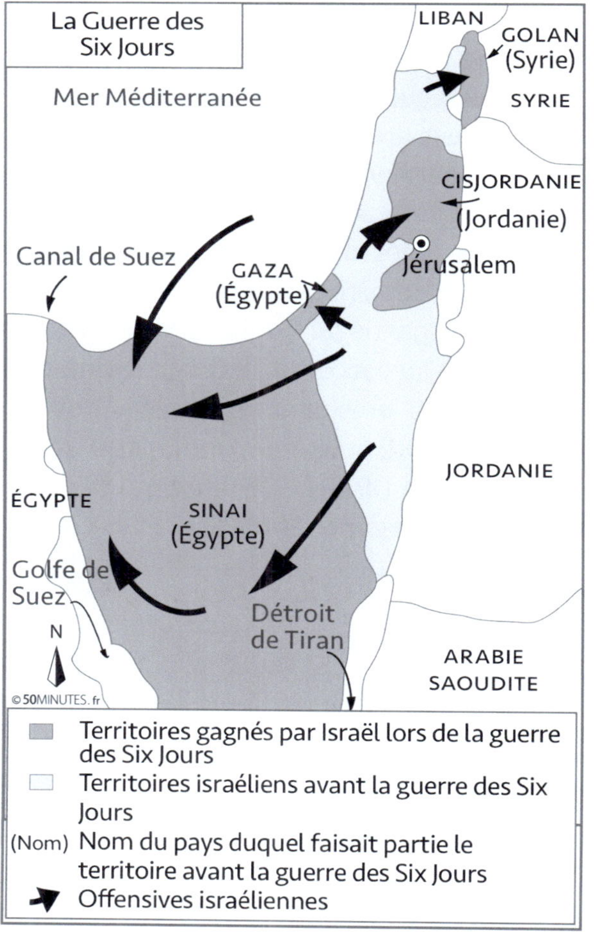

LA GUERRE DU KIPPOUR (1973)

Le 6 octobre 1973, lors de la fête du Yom Kippour (jour du Grand Pardon), l'Égypte et la Syrie lancent une offensive conjointe contre Israël dans l'espoir de récupérer les territoires perdus en juin 1967. C'est un échec : Israël, soutenu par les États-Unis, parvient non seulement à repousser l'attaque, mais également à dépasser les lignes. Les Nations unies demandent aussitôt un cessez-le-feu, et des processus diplomatiques sont amorcés. Une partie du Golan est rendu à la Syrie en 1974. Suite aux accords de Camp David, signés en 1978 par le président égyptien Anouar el-Sadate (1918-1981) et le Premier ministre israélien Menahem Begin (1913-1992), l'intégralité du Sinaï est restituée à l'Égypte entre 1979 et 1982.

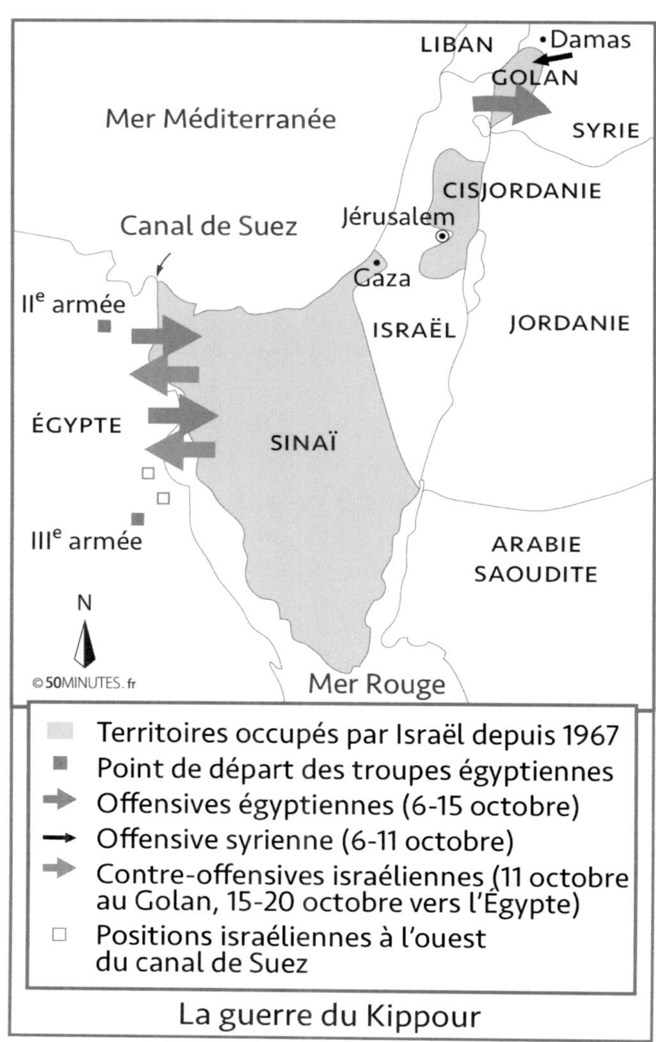

LIBAN
•Damas
GOLAN
SYRIE
Mer Méditerranée
CISJORDANIE
Jérusalem
Canal de Suez
IIe armée
•Gaza
ISRAËL
JORDANIE
ÉGYPTE
SINAÏ
IIIe armée
ARABIE
SAOUDITE
N
© 50MINUTES.fr
Mer Rouge
Territoires occupés par Israël depuis 1967
Point de départ des troupes égyptiennes
Offensives égyptiennes (6-15 octobre)
Offensive syrienne (6-11 octobre)
Contre-offensives israéliennes (11 octobre
au Golan, 15-20 octobre vers l'Égypte)
Positions israéliennes à l'ouest
du canal de Suez
La guerre du Kippour

L'OPÉRATION « PAIX EN GALILÉE » (1982)

En 1975, le Liban est secoué par une guerre civile qui ne s'achèvera qu'en 1990. Dans un pays déjà fragilisé par la rivalité entre les différentes communautés confessionnelles qui le composent, la présence palestinienne accentue les clivages. En effet, la résistance des Palestiniens cristallise les opinions : elle inspire les jeunes Libanais musulmans et de gauche, alors qu'elle inquiète la grande majorité de la droite chrétienne (maronite). La guerre débute le 13 avril 1975, à la suite d'un incident entre les phalanges (milices chrétiennes) et des Palestiniens dans la banlieue de Beyrouth.

Le 6 juin 1982, Israël envahit le Sud du Liban, toujours en proie à la guerre civile, en représailles d'attaques lancées par l'OLP depuis les camps palestiniens situés au Liban. C'est le début de l'opération « Paix en Galilée ». Les forces de défense d'Israël, Tsahal, pénètrent dans Beyrouth-Ouest et les révolutionnaires palestiniens sont évacués en bateau par une force internationale. En septembre, les milices libanaises chrétiennes entrent dans les camps de réfugiés palestiniens de Sabra et de Chatila, encerclés par l'armée israélienne. Des centaines de civils sont massacrés. Ces événements joueront un rôle non négligeable dans l'évolution du conflit israélo-palestinien car l'image d'Israël n'en sort pas indemne aux yeux de l'opinion internationale.

LA VOIE DIPLOMATIQUE

Parallèlement, la contestation des Palestiniens se fait de plus en plus forte dans les territoires occupés. En 1987, les images de la première *Intifada* montrent la population palestinienne jetant des pierres aux Israéliens pour manifester leur

refus de l'occupation. Les autorités israéliennes
répriment la révolte par la force sans parvenir à
la briser.

En 1988, Arafat se repositionne et annonce être
prêt à discuter avec Israël dont il reconnaît le
droit d'exister. En 1991, la conférence de Madrid
marque les premières négociations dans le
conflit. Le processus diplomatique est facilité
à partir de 1992 par la victoire du travailliste
Yitzhak Rabin à la tête du Gouvernement
israélien.

En 1993, des négociations secrètes ont lieu entre
Israéliens et Palestiniens à Oslo. Elles aboutissent sur un accord qui prévoit une période

d'autonomie de cinq ans en Cisjordanie et à Gaza ainsi que l'administration de ces territoires par une autorité palestinienne. Cet accord, bien que porteur de l'espoir retrouvé d'une paix durable au Proche-Orient, provoque la radicalisation des extrémistes des deux camps.

L'année suivante, l'Autorité palestinienne s'installe à Gaza et à Jéricho. La multiplication des attentats suicide organisés par le Hamas, mouvement prônant la disparition d'Israël qui s'est créé parallèlement à l'Intifada, et la poursuite de la colonisation par les Israéliens créent un climat particulièrement défavorable pour le sommet de Camp David en juillet 2000. Au sortir de la conférence, tous se quittent en ayant simplement proclamé leurs intentions.

L'ENRAYEMENT DU PROCESSUS DE PAIX

C'est dans ce contexte que débute la seconde *Intifada*, le 29 septembre 2000. L'arrivée d'Ariel Sharon (1928-2014) au pouvoir en Israël à partir de 2001 fait se durcir la position israélienne qui axe sa politique extérieure sur la sécurité contre le terrorisme palestinien. L'Autorité palestinienne se voit de plus en plus isolée. À l'été 2002 commence en outre la construction de la « clôture de sécurité », un mur encerclant la Cisjordanie dont le but proclamé est la protection de la population israélienne contre toute attaque terroriste.

Photo du mur de sécurité déployé par Israël.

En 2004, un nouvel espoir semble permis lorsque Ariel Sharon propose un plan de démantèlement des colonies israéliennes établies dans la bande de Gaza et en Cisjordanie.

Le 11 novembre de la même année, Yasser Arafat meurt et Mahmud Abbas (né en 1935) lui succède en janvier 2005. Le dialogue avec Israël reprend à Charm el-Cheikh en février 2005. Mais les conditions de vie précaires des Palestiniens, aggravées par la construction de la clôture de sécurité, alimentent leur mécontentement, et la victoire du Hamas aux élections législatives de 2006 renforce encore l'isolement de la Palestine sur la scène internationale. En été 2007, le Hamas proclame la sécession de la bande de Gaza.

Le Hamas

Le mouvement Hamas, actuellement représenté dans le Gouvernement palestinien, a été créé en 1987 parallèlement à la première *Intifada*. Contrairement au Fatah, le Hamas se définit d'abord comme un mouvement religieux. Il prône l'instauration d'un État islamique palestinien sur l'ensemble du territoire de l'ancienne Palestine mandataire.

La conférence d'Annapolis, réunie en 2007 sous l'égide des États-Unis, ne parvient pas à enrayer le processus de radicalisation des deux camps.

Les années qui suivent verront la multiplication d'actions armées menées par le Hamas contre Israël et, en représailles, les attaques de plus en plus nombreuses de l'armée israélienne sur la bande de Gaza, se soldant par la mort de très nombreux civils palestiniens.

ARAFAT ET LA NAISSANCE D'UNE CONSCIENCE NATIONALE PALESTINIENNE

Il convient tout d'abord de souligner le plus grand apport de Yasser Arafat au mouvement de résistance, celui d'avoir remis au centre des débats l'existence du peuple palestinien et son droit à disposer de lui-même. En effet, avant la création du Fatah, l'attitude adoptée par la résistance palestinienne est celle d'une totale dépendance vis-à-vis des pays voisins, en particulier l'Égypte, où éclate en 1952 la révolution qui conduira Gamal Abdel Nasser (1918-1970) à la présidence. Celui-ci centre sa politique sur la consolidation d'une identité arabe. Son approche de la question palestinienne se fait l'écho de cette vision : il souhaite que les droits des Palestiniens soient reconnus, mais cherche à instrumentaliser leur conflit pour intégrer celui-ci à la cause panarabe.

Les capacités de discernement de Yasser Arafat le conduisent à éloigner la résistance de cette mouvance, qui subordonne le destin du peuple palestinien au bon vouloir d'autres nations. C'est dans ce contexte qu'il fonde le Fatah (qui signifie « conquête »), avec d'autres jeunes Palestiniens enclins à adopter une vision nationaliste et laïque. Parmi ses collaborateurs, il faut citer Khalil al-Wazir (1936-1988), connu également sous son nom de guerre Abou Jihad, celui qui fut son plus proche compagnon jusqu'à son assassinat par le Mossad (Agence de renseignements d'Israël) en 1988. De nature discrète, presque secrète, il est le parfait opposé de Yasser Arafat, qui se définit dès le départ comme un personnage public, n'hésitant donc pas à se mettre en avant.

Arafat et ses camarades, s'inspirant du Front de libération national algérien (parti politique créé en 1954 pour lutter contre la présence coloniale française en Algérie), font de la révolution armée un instrument de mobilisation et de réveil national. Cette approche révolutionnaire, laïque et nationaliste constitue l'essence du Fatah, sa philosophie.

Le mouvement recrute tout d'abord de nouveaux membres dans la bande de Gaza, terrain particulièrement fertile après l'occupation israélienne ayant fait suite à la crise de Suez (1956). Infatigables, Yasser Arafat et ses collègues poursuivent leur action de recrutement dans les camps de réfugiés situés en Jordanie, en Syrie et au Liban, favorables également à l'appel révolutionnaire.

Dès les premières heures, Arafat manifeste deux des qualités qui ont forgé sa destinée de chef historique du peuple palestinien : sa foi inébranlable dans la justesse de la cause qu'il sert et les sacrifices illimités qu'il est disposé à concéder pour atteindre ses objectifs. Véritable bourreau de travail, il se contente tout au long de sa longue carrière de quelques heures quotidiennes de sommeil, forçant ses collaborateurs à suivre son rythme effréné. C'est grâce à cet acharnement que Yasser Arafat et ses collègues parviennent à tisser une véritable conscience nationale malgré la dispersion du peuple palestinien. Cette prouesse doit se mesurer à la difficulté de la situation à laquelle doit faire face le Fatah : en effet, le mouvement d'Arafat a dû se construire sur le terrain de l'exil et de la dépossession.

ARAFAT LE COMBATTANT RÉVOLUTIONNAIRE

C'est durant la guerre des Six Jours que le futur leader palestinien sort de l'ombre. Le courage physique de Yasser Arafat et de ses fedayin est mis en exergue. Ainsi, malgré la défaite de la coalition arabe, les commandos palestiniens se sont forgés une réputation de combattants déterminés. Leur défiance vis-à-vis de l'armée israélienne, devant laquelle ils refusent de s'incliner, et ce malgré son évidente supériorité, les rend populaires et les partisans du Fatah se multiplient.

En 1968, Yasser Arafat tente d'implanter ses quartiers généraux en Cisjordanie (alors occupée par Israël) afin d'organiser la lutte intérieure.

Mais la répression israélienne est implacable et oblige le Fatah à reculer vers la Jordanie pour s'établir dans le camp palestinien de Karameh. En mars, après qu'une mine déposée par les fedayin a atteint un bus de ramassage scolaire israélien, Israël mène une opération d'envergure visant à détruire Karameh. Les pertes sont très lourdes du côté palestinien, mais le Fatah se considère victorieux lorsque l'armée israélienne est forcée de se retirer après plusieurs heures d'âpres combats. Fort de cette victoire, Yasser Arafat prend la tête de l'OLP, devenant ainsi sans conteste la figure de proue de la résistance palestinienne.

S'il est vrai que Yasser Arafat est révélé au reste du monde durant cette période, l'opinion occidentale est très critique quant aux méthodes employées par ce dernier. Le Fatah opère par des actes de sabotage, des infiltrations et des attentats, qui font régulièrement des victimes parmi les civils. Ce recours à la violence est condamné par beaucoup et décrédibilise aux yeux de certains le combat mené par Arafat et ses fedayin.

ARAFAT DEVANT LES NATIONS UNIES

Progressivement, le pragmatisme d'Arafat le conduit sur la voie de la diplomatie. Conscient du rapport de force favorable à Israël, Arafat choisit de renoncer à lutter pour la souveraineté sur l'ensemble de la Palestine mandataire, et opte pour la construction d'une nation indépendante sur une partie du territoire. Ce faisant, il fait preuve d'un grand sens politique : en abandonnant les aspirations inatteignables qu'il s'était fixées, il œuvre à la concrétisation d'objectifs plus réalistes.

Ainsi, dès 1974, Arafat tente de parvenir à la légitimation internationale de l'OLP, condition indispensable à un règlement politique du conflit. Il obtient la reconnaissance de son organisation comme seule représentante du peuple palestinien, et l'OLP est admise comme membre observateur aux Nations unies.

Lors de son célèbre discours de 1974 devant l'Assemblée générale des Nations unies, Yasser Arafat se fait le porte-parole d'une approche pacifique de la question israélo-palestinienne. Pourtant, il faudra attendre encore plus d'une décennie pour que de réelles tentatives politiques de résolution du conflit voient le jour.

Durant cette décennie, Arafat conjugue les actions militaires et la diplomatie. Cette ambiguïté caractérise véritablement la manière d'opérer du leader palestinien. Ainsi, « il savait manipuler amis et adversaires, flatter les ego et tenir en piètre estime, être familier et tenir à distance, se faire modeste et arrogant, donner généreusement et couper les vivres. [...]. Il méprisait le luxe, mais prisait les honneurs, surtout ceux des responsables étrangers » (NAïM (Mouna), « L'incarnation d'un rêve », in *Cahiers du Monde, Les vies de Yasser Arafat*, 2004). Cette ambivalence est également perceptible dans son parcours. En effet, pendant les années quatre-vingt, Arafat mène la vie d'un clandestin malgré sa notoriété. Il est activement recherché par les autorités israéliennes qui veulent sa perte. De plus, à l'intérieur de son mouvement des divisions s'opèrent, et il se révèle impuissant face aux actions terroristes menées par certains groupes palestiniens. Arafat est par ailleurs fortement dépendant de la bonne volonté des pays arabes sur le territoire desquels sont installés ses quartiers généraux. Il est ainsi expulsé à plusieurs reprises : en 1970 de la Jordanie et en 1982 du Liban. C'est donc de la lointaine Tunis qu'il doit diriger ses fedayin, éclatés entre la Tunisie, l'Algérie, le Yémen, le Soudan et l'Irak.

Durant ces années, Yasser Arafat échappe à la mort à de nombreuses reprises : en 1982 au Liban, lorsqu'une bombe israélienne détruit un immeuble duquel il venait de sortir, et en 1985, lors du bombardement du siège de l'OLP à Tunis.

ARAFAT, LAURÉAT DU PRIX NOBEL DE LA PAIX

Bien que la répression israélienne sévisse à Gaza et en Cisjordanie, l'espoir pour la paix émane de ces deux territoires en décembre 1987 : l'Intifada, la révolte spontanée de la population, vient en effet de débuter. Le peuple se réclame de l'OLP, et Yasser Arafat est son emblème. C'est ce soulèvement qui le pousse à proclamer, en 1988, un État palestinien virtuel. Dans la foulée, l'OLP reconnaît la résolution 181 des Nations unies qui consacre le partage de la Palestine en deux États, légitimant *de facto* l'existence de l'État israélien. En 1989, Arafat persiste et signe lorsqu'il déclare caduque la chartre de l'OLP qui affirmait que la lutte armée était la seule voie pour la libération de la Palestine.

Les bases pour un processus diplomatique sont jetées. Alors que les pourparlers entamés à Madrid en 1991 ne donnaient aucun résultat, Yasser Arafat débute des négociations secrètes à Oslo en 1992. Celles-ci mènent à la signature de la Déclaration de principes entre l'OLP et Israël, plus connue sous le nom des accords d'Oslo, signés par Yitzhak Rabin, Shimon Peres et Yasser Arafat à Washington sous l'égide de Bill Clinton. Les images de la poignée de main historique entre le leader palestinien et le Premier ministre israélien font le tour du monde. Un an plus tard, Yasser Arafat et ses partenaires des accords d'Oslo reçoivent le prix Nobel de la paix.

Photo prise lors de la cérémonie de remise des prix Nobel de la paix.

La situation de Yasser Arafat a changé du tout au tout. Celui qui était peu auparavant décrié comme un terroriste est reçu avec tous les honneurs par les dirigeants occidentaux. Le rêve palestinien de l'indépendance et de la paix semble à portée de main. Pourtant, la trêve sera de courte durée. En effet, si le processus de paix s'annonçait difficile, nul n'aurait pu anticiper l'amplitude des difficultés auxquelles il allait se heurter.

ARAFAT, CHEF D'ÉTAT ISOLÉ

Mais, pour l'heure, le peuple palestinien est à la fête. Après 27 ans d'exil, Arafat prend ses quartiers à Gaza en 1994, où il reçoit un accueil triomphal. En 1996 se tiennent des élections générales sous contrôle international : Arafat est élu président de l'Autorité palestinienne avec plus de 87 % des voix. C'est une victoire écrasante. Mais, dès lors que le mouvement d'Arafat tente de se réinventer comme un parti politique, il commence à décliner. Et pour cause : Yasser Arafat n'a guère l'étoffe d'un homme d'État. Habitué à la direction d'une organisation révolutionnaire, il a toujours exercé le pouvoir de manière autocratique, s'octroyant un droit de regard sur toutes les opérations. Incapable de déléguer la moindre responsabilité, il frustre ses collaborateurs et s'écarte des principes démocratiques. La corruption endémique de l'administration palestinienne constitue une autre faiblesse de sa gestion.

Affaibli parmi les siens, Yasser Arafat subit par ailleurs de plus en plus de pression de la part des extrémistes, opposés depuis le début à un règlement diplomatique du conflit. Les nombreux reports d'échéances exigés par les autorités israéliennes par rapport au calendrier fixé par les accords d'Oslo finissent de mettre Yasser Arafat dans une position intenable : il ne peut mettre en avant les contreparties promises en échange du compromis concédé. Le processus de paix, à peine entamé, commence déjà à s'enliser.

Pourtant, malgré ces conditions défavorables, la victoire électorale des travaillistes et l'arrivée d'Ehoud Barak au poste de Premier ministre d'Israël en 1999 redonnent l'espoir d'une relance des négociations entre l'État juif et l'Autorité pa-lestinienne. Du 11 au 25 juillet 2000, Bill Clinton réunit Ehud Barak et Yasser Arafat à Washington. Mais les deux parties ne trouvent pas de terrain d'entente. Le désaccord se focalise sur trois points en particulier :

- les territoires occupés,
- le statut de Jérusalem,
- et le droit de retour des réfugiés palestiniens.

En effet, Israël, bien que disposé à réduire sa zone de contrôle en Cisjordanie, est opposé au retrait total réclamé par Arafat, qui juge illégale l'occupation de territoires annexés au moment de la guerre des Six Jours (1967). Arafat revendique également la partie Est de Jérusalem alors que les négociateurs israéliens sont déterminés à préserver l'unité de leur capitale, annexée depuis 1980. Enfin, le sort de la diaspora palestinienne depuis le conflit de 1948 est loin d'être réglé. Israël refuse d'entériner un droit de retour des Palestiniens, qui impliquerait de devoir intégrer une importante population non juive en territoire israélien.

Les propositions faites à Yasser Arafat sont en deçà de ses attentes et celui-ci décide de ne pas les accepter. L'échec des négociations de Camp David a de graves conséquences. Il renforce l'enlisement amorcé du processus de paix et conduit à l'éclatement de la seconde *Intifida* en septembre 2000. Celle-ci s'accompagne de la montée en force du Hamas, résolument hostile au processus de paix tel qu'envisagé à Oslo.

L'arrivée au pouvoir d'Ariel Sharon, en 2001, termine de précipiter l'isolation finale du leader palestinien. En effet, ce dernier, opposé aux accords d'Oslo, prône un durcissement de la position face à l'Autorité palestinienne. Au lendemain d'une vague d'attentats suicide palestiniens, Sharon se propose de mettre hors d'état de nuire celui qu'il désigne comme le « plus grand obstacle à la paix » : Yasser Arafat (« Yasser Arafat assiégé à Ramallah » in *Conflit israélo-arabe*, www.ina.fr). Un char et deux blindés pénètrent à Ramallah, obligeant Arafat à vivre retranché. En mars 2002, sa situation se détériore encore lorsque l'armée israélienne détruit tous les bâtiments du quartier général de l'Autorité palestinienne, la Mouqataa. Seuls les bureaux d'Arafat ne sont pas détruits, et ce dernier se retrouve confiné dans deux pièces, privé d'eau et d'électricité. Ces actions mettent le leader palestinien hors-jeu, rendant l'accomplissement de sa mission d'interlocuteur diplomatique impossible.

LA MORT D'ARAFAT

Le 12 octobre 2004, le raïs souffre de douleurs abdominales après avoir dîné dans la Mouqataa, le siège de l'Autorité palestinienne à Ramallah. Cela ne semble pas anormal, d'autant qu'Arafat est déjà âgé de 75 ans et vit dans des conditions précaires. Mais, durant deux semaines, son état ne s'améliore pas, et son équipe médicale est incapable de déterminer la cause de ces maux. Très vite, on songe à un empoisonnement. Ceux qui soutiennent cette thèse, des Palestiniens et des militants, rappellent les déclarations menaçantes tenues par certains responsables israéliens qui ont déclaré publiquement que des efforts étaient réalisés pour éliminer Arafat.

Transféré en France pour y être hospitalisé, Yasser Arafat meurt d'une hémorragie cérébrale le 11 novembre 2004. Les médecins français ne se prononcent pas sur les causes du décès, et aucune enquête n'est ouverte pour faire la lumière sur celles-ci. Il faudra attendre 2012 et la diffusion d'un documentaire d'Al-Jazeera révélant la découverte par l'Institut de radiophysique de Lausanne de quantités anormales de polonium 210 sur des effets personnels d'Arafat pour que l'affaire refasse surface.

LE SAVIEZ-VOUS ?

Le polonium 210 est un élément chimique naturel présent dans le minerai d'uranium en quantité infime. Sa production est possible, mais elle nécessite un réacteur nucléaire. Cet élément est très dangereux en raison de sa radiotoxicité. Il est en outre très volatil et peut être assimilé par les organismes vivants par inhalation ou ingestion. Le polonium avait été utilisé en novembre 2006 pour empoisonner un ex-espion russe, Alexandre Litvinenko (1962-2006), devenu opposant au président russe Vladimir Poutine (né en 1952).

Suite à ce documentaire, la veuve de Yasser Arafat, Souha, demande l'exhumation du corps de son mari afin que des prélèvements puissent être effectués. Elle dépose également plainte pour assassinat au parquet de Nanterre, qui ouvre une information judiciaire. En novembre 2012, Mahmud Abbas accepte que la tombe du leader historique soit ouverte et révèle que la Russie et des experts suisses vont participer aux opérations. Toutefois, l'entreprise s'annonce délicate car le polonium se désintègre rapidement, et rien ne garantit que la qualité des prélèvements réalisés permettra d'arriver à une conclusion sans équivoque.

C'est précisément ce qu'il se passe, les résultats des rapports des experts étant en partie contradictoires. Ainsi, alors que le rapport russe constate une absence de polonium, les rapports suisse et français concluent à la présence de cet élément. Pourtant le rapport français exclut la thèse de l'empoisonnement, justifiant la présence de polonium par une source externe naturelle, alors que les experts suisses présentent des conclusions soutenant modérément la thèse de l'empoisonnement. C'est assez pour consolider les opinions de ceux qui croient au complot, et insuffisant pour convaincre les autres. Ainsi, plus de dix ans après la disparition du leader, l'incertitude quant aux causes de sa mort demeure entière.

RÉPERCUSSIONS

Yasser Arafat ne verra pas naître l'État palestinien auquel il a tant travaillé. Au moment de sa disparition, les négociations diplomatiques entamées à Oslo, qui devaient déboucher sur la création d'une nation indépendante, semblent condamnées à rester lettre morte.

Le décès du leader palestinien renforce les inquiétudes de la communauté internationale sur la stabilité politique de l'Autorité palestinienne. En effet, Yasser Arafat a peu œuvré à la préparation de sa propre succession. C'est d'ailleurs sous la pression occidentale qu'il a créé en 2003 un poste de Premier ministre, ce qui ne l'empêche toutefois pas de concentrer tous les pouvoirs entre ses mains. De plus, son administration est affaiblie par la corruption et les divisions internes. Au moment de sa mort soudaine, l'Autorité palestinienne se trouve donc fragilisée, tant sur le plan intérieur qu'extérieur.

C'est Mahmud Abbas – ou Abou Mazen de son nom de guerre – qui reprend la direction du

Fatah, dont il est l'un des derniers fondateurs survivants. Il remporte en 2005 les élections présidentielles palestiniennes avec plus de 62 % des suffrages. L'homme choisi par le peuple est l'un des seuls qui jouisse de la légitimité requise. Ainsi, en plus d'être l'un des fondateurs du Fatah, il a participé activement à la création de l'OLP en 1964 et a ensuite formé avec Arafat et Abou Jihad le trio qui en dirigeait les opérations. Tout au long des années soixante-dix, il a encouragé les contacts entre cette organisation et les milieux de gauche israéliens. Il a ensuite joué un rôle pivot dans les négociations pour la paix à Oslo. Mahmud Abbas est en effet un fervent défenseur de l'option diplomatique. C'est à ce long parcours aux côtés de Yasser Arafat au service de la cause de son peuple qu'il doit son image de figure du nationalisme palestinien.

Mais le style de Mahmud Abbas est totalement opposé à celui de Yasser Arafat. Si l'objectif fondamental des deux hommes consiste à créer une unité nationale, leur manière de s'y prendre diffère du tout au tout. Ainsi, Arafat se voulait le représentant de tous les groupes disparates composant la population palestinienne dispersée, et entretenait des relations amicales et familières avec chacun d'entre eux ; alors que Mahmud Abbas cultive une certaine neutralité et s'efforce de n'appartenir à aucun clan en particulier. Abbas a également un respect sans faille pour la raison et la logique que ne partageait pas son prédécesseur, tout à fait capable de manipuler la vérité s'il pensait que la situation l'exigeait. Alors que Yasser Arafat n'a jamais abandonné ses habits de révolutionnaire et son célèbre keffieh, on n'a jamais vu Mahmud Abbas qu'en costume cravate. Ainsi, l'exubérance et la roublardise du premier leader palestinien ont été remplacées par la discrétion et l'objectivité du second.

Un des éléments clés ayant permis à Mahmud Abbas d'accéder à la présidence de l'Autorité palestinienne réside certainement dans le soutien international dont il bénéficie. Les Palestiniens, désireux de connaître une période d'accalmie après la montée des tensions des dernières années précédant la mort de Yasser Arafat, font un choix raisonné en élisant Mahmud Abbas. Ils sont en effet conscients qu'en tant que défenseur historique de l'option diplomatique, il constitue aux yeux de l'opinion internationale un interlocuteur respectable.

De fait, ce dernier parvient à rétablir le dialogue avec l'État hébreu. Mais l'opinion publique palestinienne le jugera sur ses résultats. Parviendra-t-il à améliorer les conditions de vie en territoires occupés, à faire cesser la colonisation et à obtenir un droit de retour pour les réfugiés ? Les espoirs semblent permis lorsque la bande de Gaza est libérée des colonies israéliennes en 2005.

Pourtant, les conditions de vie demeurent précaires et l'autorité du nouveau leader est contestée, notamment au sein du Fatah où il ne jouit pas du prestige de son prédécesseur. Profitant des divisions internes qui règnent dans le mouvement, l'opposition se renforce et c'est ainsi qu'en janvier 2006 le Hamas remporte les élections législatives palestiniennes.

Le contexte qui avait permis à Mahmud Abbas d'accéder au pouvoir a changé. L'espoir d'une accalmie qu'il représentait n'existe plus, car les bases d'un dialogue avec Israël ont été englouties avec l'arrivée au pouvoir du Hamas. En effet, l'État hébreu se refuse à toute négociation avec un pouvoir palestinien ayant en son sein une organisation terroriste. De son côté, l'Union européenne et le Gouvernement américain suspendent leurs aides financières au Gouvernement palestinien. L'Autorité palestinienne, au bord de la faillite, n'est plus en mesure de payer ses fonctionnaires et des grèves ont lieu. En mai 2006, contraints et forcés, le Hamas et le Fatah se réunissent pour discuter de l'avenir et, le 27 juin, un document « d'entente nationale » est adopté.

Malgré cette avancée politique, la bande de Gaza est le siège d'affrontements de plus en plus violents entre les milices du Hamas et du Fatah. En un an et demi, les violences interpalestiniennes ont fait près de 500 morts. En juin 2007, le Hamas met en déroute les combattants du Fatah et prend le contrôle de la totalité de la bande de Gaza. Depuis lors, les heurts ne cessent de se multiplier entre l'armée israélienne et le Hamas. Avec eux, le nombre de victimes civiles, majoritairement palestiniennes, grandit. Le blocus imposé par Israël a, de plus, provoqué une détérioration sans précédent des conditions de vie de la population palestinienne.

Gaza symbolise ainsi l'impasse dans laquelle s'est enfoncé le conflit israélo-palestinien. Quant à l'Autorité palestinienne qu'avait façonnée Yasser Arafat, elle semble plus fragile que jamais.

EN RÉSUMÉ

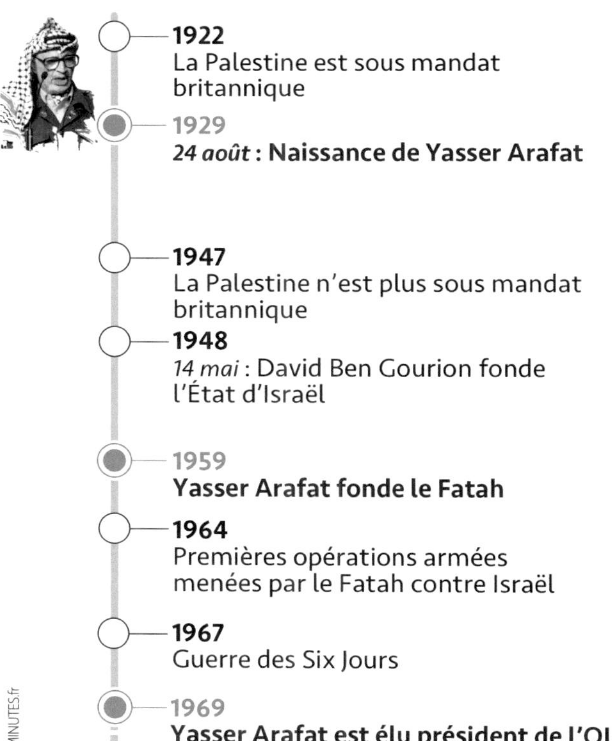

1922
La Palestine est sous mandat britannique

1929
24 août : **Naissance de Yasser Arafat**

1947
La Palestine n'est plus sous mandat britannique

1948
14 mai : David Ben Gourion fonde l'État d'Israël

1959
Yasser Arafat fonde le Fatah

1964
Premières opérations armées menées par le Fatah contre Israël

1967
Guerre des Six Jours

1969
Yasser Arafat est élu président de l'OLP

1973
Guerre du Kippour

1975-1990
Guerre du Liban

1982
Juin : Opération « Paix en Galilée »

1987-1991
Première Intifada

1993
Négaciations pour la paix d'Oslo

1994
Yasser Arafat reçoit le prix Nobel de la paix

1996
Yasser Arafat est élu président de l'Autorité palestinienne

2000-2005
Seconde Intifada

2000
Sommet de Camp David

2004
11 nov. : **Décès de Yasser Arafat**

2012
Des enquêtes sont menées sur la mort de Yasser Arafat

- L'historien et politologue français Charles Saint-Prot ne se trompait pas en déclarant, en préambule de la biographie qu'il lui a consacrée, que Yasser Arafat est l'un des hommes célèbres les plus mal connus. L'énigme qui l'entoure est certainement due en grande partie à l'ambiguïté de son parcours et de sa personnalité. Les caricatures haineuses de ses ennemis, les éloges parfois démesurés de ses fervents admirateurs et les demi-vérités égrenées par le principal intéressé ont contribué à renforcer le mystère.

- Au-delà des considérations partiales, certaines réalités peuvent être mises en exergue. Ainsi, il est l'homme qui changea le destin de tout un peuple, celui qui a mené le combat des Palestiniens pour réclamer leur droit à exister. S'il n'a pas pu réaliser son rêve de toujours, celui de jeter les bases d'un État palestinien indépendant, sa persévérance et sa ténacité ont permis d'ouvrir les yeux du monde sur le sort des Palestiniens. Fondateur du Fatah, leader de l'Organisation de libération de la Palestine (OLP), interlocuteur des accords d'Oslo et premier président de l'Autorité palestinienne, il a donné sa vie à la cause de son peuple.

- Mais certaines des critiques qui lui sont adressées sont fondées : il s'est rendu coupable d'actions violentes au nom de sa lutte et a pactisé avec des organisations extrémistes sans éprouver de scrupules.

- Et pourtant, celui qui incarne le terrorisme aux yeux de beaucoup d'Israéliens est également celui qui tendra la main à Yitzhak Rabin sur les pelouses de la Maison-Blanche, rallumant l'espoir d'une paix possible. Mais cet espoir n'aura été que de courte durée. À sa mort, Yasser Arafat est un homme isolé, ayant raté sa conversion de dirigeant révolutionnaire en chef d'État, et étant confronté à une opinion internationale hostile, menée par l'administration israélienne, déterminée à s'en débarrasser.

- Si l'arrivée au pouvoir de Mahmud Abbas a dans un premier temps permis la reprise du dialogue avec Israël, les tensions interpalestiniennes, la prise de pouvoir du Hamas et le durcissement de la position israélienne ont précipité la désagrégation totale du processus entamé à Oslo. Israël et les territoires occupés semblent emportés dans un tourbillon de violence dont chaque camp rejette la responsabilité sur l'autre.

• Plus de dix ans après sa mort, que reste-t-il de l'œuvre du leader palestinien ? On irait trop vite en prétendant que tout a été réduit au néant. S'il est vrai que la paix tant espérée ne semble qu'un lointain souvenir et que le schisme entre les factions du Hamas et du Fatah est consommé, l'éveil de la conscience nationale palestinienne est solidement ancré dans l'esprit de ce peuple dispersé. Et pour l'ensemble des Palestiniens, Yasser Arafat reste celui qui incarne leur lutte. Car comme le dit l'historien et écrivain palestinien Elias Sanbar, Yasser Arafat est, tout simplement, « un homme aimé de son peuple ».

POUR ALLER PLUS LOIN

SOURCES BIBLIOGRAPHIQUES

- AGHA (Hussein) et KHALIDI (Ahmad Samih), « Yasser Arafat: Why he Still Matters? », in *The Guardian*, 13 novembre 2014.

- AGHA (Hussein) et MALLEY (Robert), « Abou Mazen, le dernier Palestinien », in *Le Monde diplomatique*, février 2005.

- BOLTANSKI (Christophe) et EL-TAHRI (Jihan), *Les sept vies de Yasser Arafat*, Paris, Grasset, 1997.

- « Le Conflit israélo-arabe (de 1948 à nos jours) », in *INA*, consulté le 13 avril 2015. http://fresques.ina.fr/jalons/parcours/0043/le-conflit-israelo-arabe-de-1948-a-nos-jours.html

- GRESH (Alain), « L'espoir vivant des Palestiniens », in *Le Monde diplomatique*, novembre 2004.

- HART (Alan), *Arafat, Terrorist or Peacemaker?*, Londres, Sidgwick and Jackson, 1994.

- « Israël-Palestine : comprendre le conflit par les cartes », in *Le Figaro.fr*, consulté le 13 avril 2015. http://video.lefigaro.fr/figaro/video/israel-palestine-comprendre-le-conflit-par-les-cartes/3680084721001/

- KAPELIOUK (Amnon), *Arafat l'irréductible*, Paris, Fayard, 2004.

- « Le conflit israélo-palestinien : chronologie (1967-2005) », in *ARTE*, consulté le 13 avril 2015. http://www.arte.tv/fr/le-conflit-israelo-palestinien-chronologie-1967-2005/7308280,CmC=7351400.html

- « Le Proche-Orient depuis le début du XXe siècle », in *Histoire à la carte*, consulté le 13 avril 2015. http://www.histoirealacarte.com/carte/2-histoire-proche-orient-moyen-orient.php

- « *Les Palestiniens, un peuple*, un livre de Xavier Baron », in *Le Monde diplomatique*, consulté le 13 avril 2015. http://www.monde-diplomatique.fr/1978/02/T_B_J_/34614

- « Les vies de Yasser », in *Le Monde.fr*, consulté le 13 avril 2015. http://medias.lemonde.fr/medias/pdf_obj/sup_arafat_041105.pdf

- MORRIS (Benny), *The Birth of the Palestinian Refugee Problem Revisited*, New York, Cambridge University Press, 2004.

- VIDAL (Dominique) et GRESH (Alain), *Les 100 clés du Proche-Orient*, Paris, Fayard, 2011.

- « Yasser Arafat », in *Les clés du Moyen-Orient*, consulté le 13 avril 2015. http://www.lesclesdu-moyenorient.com/Arafat-Yasser.html

SOURCES COMPLÉMENTAIRES

- BARON (Xavier), *Les Palestiniens, genèse d'une nation*, Paris, Seuil, 2003.

- FAUX (Emmanuel), *L'affaire Arafat. L'étrange mort du leader palestinien*, Paris, L'Archipel, 2014.

- GOWERS (Andrew) et WALKER (Tony), *Behind the Myth: Yasser Arafat and the Palestinian Revolution*, New York, Olive Branch Press, 1992.

- GRESH (Alain), *Israël-Palestine : vérités sur un conflit*, Paris, Fayard, 2001.

- KARCH (Efraim), *Arafat's War. The Man and His Battle for Israeli Conquest*, New York, Grove Press, 2003.

- LAURENS (Henry), *La question de Palestine*, 4 tomes, Paris, Fayard, 1999-2011.

- PRIER (Pierre), « Enquête sur l'étrange mort de Yasser Arafat », in *Orient XXI*, consulté le 13 avril 2015. http://orientxxi.info/lu-vu-entendu/enquete-sur-l-etrange-mort-de,0745

- RUBIN (Barry) et COLP RUBIN (Judith), *Yasir Arafat: A Political Biography*, New York, Oxford University Press, 2003.

- SAINT-PROT (Charles), *Yasser Arafat. Biographie et entretiens*, Paris, Jean Picollec, 1990.

- VANAERT (Philippe), *Yasser Arafat, président sans frontières*, Bruxelles, Éditions du Souverain, 1992.

- WALLACH (Janet) et WALLACH (John), *Arafat: in the Eyes of the Beholder*, New York, Citadel Books, 1997.

SOURCES ICONOGRAPHIQUES

- Photo du mur de sécurité déployé par Israël. La photo reproduite est réputée libre de droits.

- Photo prise lors de la cérémonie de remise des prix Nobel de la paix. La photo reproduite est réputée libre de droits.

DOCUMENTAIRES

- *Death in Gaza*, documentaire de James Miller, Royaume-Uni, 2004.

- *Cinq caméras brisées*, documentaire d'Emad Burnat et de Guy Davidi, France, 2011.

- *The Gatekeepers*, documentaire de Dror Moreh, Israël, 2012.

- *The Price of Kings: Yasser Arafat*, documentaire de Joanna Natasegara et de Richard Symons, Royaume-Uni, 2012.

- *Al-Jazeera investigates – What killed Arafat?*, documentaire de Clayton Swisher, 2012.

- *Al-Jazeera investigates – Killing Arafat*, documentaire de Clayton Swisher, 2013.

- *Arafat*, documentaire de Sahar Baassiri, 2013.

BÂTIMENTS COMMÉMORATIFS

- Mémorial de Yasser Arafat, complexe situé dans la Mouqataa de Ramallah abritant le mausolée de Yasser Arafat, un musée en sa mémoire et une mosquée.

- Aéroport international Yasser Arafat situé dans la bande de Gaza, inauguré en 1998 et détruit en 2001 par les forces israéliennes.

ISBN ebook : 978-2-8062-6660-6
ISBN papier : 978-2-8062-6661-3
Dépôt légal : D/2015/12603/285
Photo de couverture : *Yasser Arafat à Davos, en 2002*, photo prise par Remy Steinegger © World Economic Forum. La photo reproduite est réputée libre de droits.

Conception numérique : Primento,
le partenaire numérique des éditeurs